Pfeffer-Piet, der schlaue Pirat

Eine Geschichte von Imke Rudel
mit Bildern von Astrid Vohwinkel

Lesestufe 2

CARLSEN

Piet wird Piratenkoch

Piet ist Schiffsjunge auf einem Segelschiff.
In Indien hat die *Nina* Gewürze geladen.
Fremde Gewürze wachsen weit weg,
in Ländern, wo es immer warm ist.
Nun ist das Schiff auf dem Weg zurück.
Die Fracht ist wertvoll und
die Heimreise ist gefährlich.
Eines Tages ruft der Matrose
im Ausguck: „Piraten!“

Die Piraten stürmen das Schiff.
Sie sind mit Messern und Pistolen bewaffnet.
Der Kampf ist kurz.
Die Mannschaft der *Nina* ergibt sich schnell.
Der Piratenkapitän schaut Piet an:
„Kannst du kochen?“ Piet nickt.
„Dann kommst du mit uns!“

Nun ist Piet Piratenkoch.
„Wir haben Hunger“,
sagt der Kapitän.
„Geh in die Kombüse und
koch uns was Gutes!“
Die Kombüse ist die Küche eines Schiffs.
Dort will Piet eine Suppe kochen.

Im Vorratsraum lagern die Gewürze.
Piet überlegt: „Pfeffer ist wertvoll
und scharf.
Es wird die Piraten ärgern,
wenn ich viel Pfeffer nehme.“
Er zerstößt zwei Hände
voll Pfefferkörner.

Piet streut den Pfeffer in die Suppe.
Dann trägt er den schweren Topf
an Deck.
Der Kapitän nimmt sich
sofort den ersten Teller.

Hungrig löffelt er seine Suppe
und bekommt einen knallroten Kopf.
Er schreit:
„Willst du mich verbrennen?“
Mit großen Schlucken trinkt er
einen halben Eimer Wasser aus.
Den anderen Piraten aber schmeckt es.
„Lecker, deine Feuersuppe!“,
ruft der rote Sam.

Leserätsel

Wie heißt das alte Schiff von Piet?

- ☐ Ina
- ☐ Tina
- ☐ Nina
- ☐ Lina

Was ist der Ausguck?

- ☐ Das vordere Fenster im Piratenschiff
- ☐ Ein Beobachtungsplatz am oberen Schiffsmast
- ☐ Eine Luke im Schiffsboden
- ☐ Der Ort, an dem der Kapitän steht

Wie nennt man die Schiffsküche? Stelle die Dosen in die richtige Reihenfolge!

_ _ _ _ _ _ _

Ordne den Sätzen das passende Wort zu! Die farbigen Buchstaben verraten dir, wovon jeder Pirat träumt.

1	Piet kocht eine	PIRATENKOCH
2	Die „Nina" ist ein	SUPPE
3	Piet ist nun	TOPF
4	Der rote Sam ist ein	SCHIFF
5	Die Suppe ist im	GEWÜRZ
6	Pfeffer ist ein	PIRAT

Jeder Pirat träumt von einem _ _ _ _ _ _.
1 2 3 4 5 6

Das wilde Piratenleben

Von nun an kocht Piet
mit weniger Pfeffer.
Und er probiert auch
die anderen Gewürze aus:
Nelken, Muskat und Zimt.
Jeden Tag gibt es ein
richtiges Piratenessen
aus Bohnen und Fisch
oder Pökelfleisch.
Die Piraten sind begeistert!

Es gibt noch einen Grund
für die gute Laune der Piraten.
Beim Überfall auf die *Nina*
haben sie eine gute Prise gemacht.
So nennen die Piraten ihre Beute.
Im nächsten Hafen wollen sie
die Gewürze für viel Gold verkaufen.

Piet hat sich fast an das Leben
auf dem Piratenschiff gewöhnt.
Die Piraten müssen jeden Tag
das Deck schrubben.
Und kaputte Stellen
im Segel ausbessern.
Genau wie andere Seeleute auch.

Deine Belohnung

....

LESE-SPASS MIT LESE-PASS

Schreibe deinen Namen auf das Titelblatt.
Vereinbare mit deinen Eltern eine Belohnung und tragt sie gemeinsam auf der Rückseite ein.
Und jetzt geht's los: Lesen, lesen, lesen!
Jeweils 10 Minuten Lesen werden eingetragen und von deinen Eltern abgezeichnet.
Ist der Pass voll, bekommst du deine Belohnung.

Auf www.lesemaus.de/belohnung wartet außerdem eine kleine Überraschung auf dich.
Gib dort diesen geheimen Code ein:

LESEMAUS zum Lesenlernen

10-Minuten-Lese-Pass von

....

CARLSEN

Lesen lernen mit der LESEMAUS

10 Minuten gelesen!
Bestätigt von:
....

10 Minuten gelesen!
Bestätigt von:
....

10 Minuten gelesen!
Bestätigt von:
....

10 Minuten gelesen!
Bestätigt von:
....

10 Minuten gelesen!
Bestätigt von:
....

10 Minuten gelesen!
Bestätigt von:
....

10 Minuten gelesen!
Bestätigt von:
....

10 Minuten gelesen!
Bestätigt von:
....

10 Minuten gelesen!
Bestätigt von:
....

10 Minuten gelesen!
Bestätigt von:
....

10 Minuten gelesen!
Bestätigt von:
....

Fertig!

Lese-Spaß mit Lese-Pass

- Schneide den Lese-Pass an der gestrichelten Linie ab.
- Falte das Blatt einmal in der Mitte an der gepunkteten Linie zusammen. . . . .
- Schreibe deinen Namen auf das Titelblatt.
- Vereinbare mit deinen Eltern eine Belohnung und tragt sie gemeinsam auf der Rückseite ein.

Und jetzt geht's los:
Lesen, lesen, lesen!

- Jeweils 10 Minuten Lesen darfst du im Lese-Pass eintragen und dir von deinen Eltern abzeichnen lassen.
- Ist der Pass voll, bekommst du deine Belohnung. Auf www.lesemaus.de/belohnung wartet außerdem eine Überraschung auf dich. Gib dort diesen geheimen Code ein: **LMZLL**
- In einem neuen Lesemaus-Buch (oder als Bastelvorlage auf www.lesemaus.de) erhältst du einen neuen Lese-Pass und liest weiter ...

Leselineal

- Schneide das Leselineal an der gestrichelten Linie aus.
- Falte es einmal in der Mitte an der gepunkteten Linie . . . . und klebe es innen zusammen.
- Trage deinen Namen ein.
  Fertig ist dein Leselineal!

Und so geht's:

- Decke mit dem Lineal die Zeile ab, die du lesen möchtest.
- Schiebe das Lineal dann Buchstabe für Buchstabe weiter.
- Wenn das schon gut klappt, kannst du ganze Wörter aufdecken und lesen.

Viel Spaß beim Lesen und Sammeln!

Leselineal von

....

LESEMAUS
zum Lesenlernen

Aa Bb Cc Dd Ee Ff Gg Hh Ii Jj Kk Ll Mm

Nn Oo Pp Qq Rr Ss Tt Uu Vv Ww Xx Yy Zz

CARLSEN

Und nicht alle Piraten sind unfreundlich.
Der rote Sam zeigt Piet gerade
einen neuen Seemannsknoten.
Da taucht ein Segel am Horizont auf.
Sam schreit sofort: „Schiff in Sicht!
Alle Mann an die Pistolen!“

Piet will sich am liebsten
unter Deck verkriechen.
Aber Sam sagt: „Jeder muss kämpfen!
Piratengesetz!“
Piet holt seine Pistolen
und den Beutel mit Schießpulver.
Auf einmal hat er eine Idee.
In der Kombüse steht eine Schüssel
mit zerstoßenem Pfeffer.

„Der sieht genauso aus wie
Schießpulver“, denkt Piet.
„Ich schütte einfach den Pfeffer dazu.“
Und statt der Kugeln steckt er
Pfefferkörner in die Pistolen.

Leserätsel

Welche Gewürze lagern in den Säcken?

__ __ __ __ __ __ __   __ __ __ __

__ __ __ __ __ __   __ __ __ __ __ __

Wie nennen die Piraten ihre Beute?

- ☐ Liese
- ☐ Friese
- ☐ Prise
- ☐ Riese

Heute gibt es Buchstabensalat. Was liegt sonst auf den Tellern der Piraten?

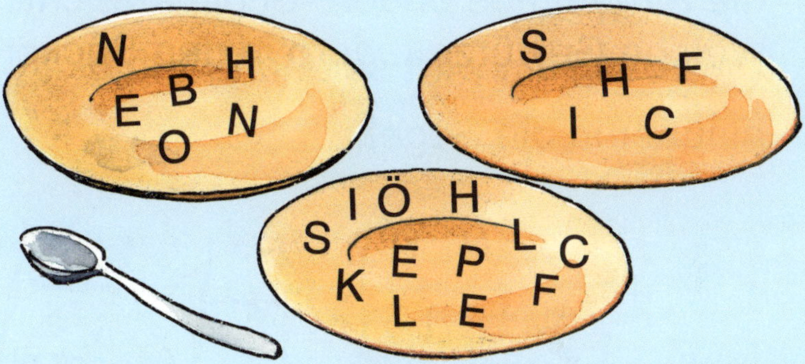

_ _ _ _ _ _ _   _ _ _ _ _

_ _ _ _ _ _ _ _ _ _ _ _

Womit lädt Piet seine Pistolen?

- ☐ Kraut und Rüben
- ☐ Pfeffer und Pfefferkörner
- ☐ Zimt und Zucker
- ☐ Tee und Kakao

Leichte Beute

Als Piet wieder an Deck kommt, haben die Piraten das andere Schiff erreicht. Der rote Sam wirft seinen Enterhaken hinüber in die Segel.

Er schwingt sich am Seil nach drüben
und ruft Piet zu: „Schieß endlich!“
Zitternd drückt Piet die Pistole ab.
Er kann kaum glauben,
was dann passiert:
Die Seeleute fangen an zu niesen.
Ihre Augen tränen
und sie denken gar nicht mehr
ans Kämpfen.

Piet und seine Mannschaft erbeuten eine große Truhe mit Edelsteinen.
Die Seeleute niesen noch immer.
Der Kapitän und seine Mannschaft wundern sich.
So leicht war ein Überfall noch nie!
„Womit hast du geschossen, Piet?“, fragt der rote Sam.

Piet erzählt von der Pfefferladung.
„Eine tolle Idee!“,
sagt der Piratenkapitän.
„Das machen wir jetzt immer so.“
Da rufen alle Piraten:
„Hoch lebe Pfeffer-Piet!“

Infoseite
Berühmte Piraten

Edward Teach wurde Blackbeard (schwarzer Bart) genannt. Seinen Bart trug er zu vielen Zöpfen geflochten. Bei einem Angriff steckte er sich brennende Zündschnüre unter den Hut.

Francis Drake war ein berühmter Kaperfahrer. Er hatte einen Kaperbrief der englischen Königin. Der Brief erlaubte ihm, andere Schiffe und Länder zu überfallen.

Bartholomew (Bart) Roberts war vermutlich der erfolgreichste Pirat. Er soll mehr als 400 Schiffe überfallen haben. Auf Bildern ist er immer sehr vornehm gekleidet. Er trank angeblich nie etwas Stärkeres als Tee.

Klaus Störtebeker war ein Anführer der Vitalienbrüder. Er überfiel am liebsten die Frachtschiffe der Hanse. (So nannte man die Vereinigung der norddeutschen Kaufleute.) Dafür wurde er in Hamburg geköpft.

Lösungen

S. 8/9:

Nina

Der Ausguck ist ein Beobachtungsplatz am oberen Schiffsmast.

KOMBÜSE

Jeder Pirat träumt von einem SCHATZ.

S. 16/17:

PFEFFER, NELKEN, MUSKAT, ZIMT

Prise

BOHNEN, FISCH, PÖKELFLEISCH

Pfeffer und Pfefferkörner

Ich habe das ganze Buch gelesen!

1 2 3 4 15 14 13 12

ISBN: 978-3-551-06423-3
Umschlagkonzeption: Karin Kröll | Illustration der Lesemaus: Hildegard Müller
Lesemaus-Redaktion: Anja Kunle
Druck und Bindung: AZ Druck und Datentechnik GmbH, Kempten
Printed in Germany

FSC
www.fsc.org
MIX
Papier aus verantwortungsvollen Quellen
FSC® C008457